Molleston Brouldt Laevin

Créer, publier et promouvoir votre livre

Introduction

La galère du premier roman je l'ai connue croyez-moi. Et ce n'était pas la phase d'écriture, non. La galère a commencé quand j'ai regardé ce grand cahier à spirale, et décidé que le ranger dans un tiroir ne me satisfaisait pas.

Que ce soit le passage du manuscrit au tapuscrit, le travail de correction, recueillir les adresses des maisons d'éditions, ou me lancer dans l'auto édition, j'ai dû effectuer un travail de chercheur.

Et pendant ces longues périodes de recherches j'ai commencé à accumuler les adresses de sites dans les « favoris » de mon navigateur, accumulé aussi, les articles de journaux, recueillis des témoignages.

J'ai finalement passé autant, sinon plus de temps à

me renseigner, que j'en avais pris pour écrire mon texte.

Alors pour vous éviter ces mois de galères, cette peur de mal faire. J'ai souhaité mettre à votre disposition, le fruit de mon année de recherches.

Ami auteur, tu as désormais tout entre les mains, pour rendre disponible ton texte à des milliers de lecteurs impatients.

Étape 1 : Mon manuscrit

Vous allez penser que c'est une perte de temps, pourtant il est important, sinon essentiel que votre PDF, votre liasse de feuille imprimée, votre manuscrit, soit à la meilleure version de lui-même. Vous devez-vous assurer de ne pas pouvoir faire mieux:

-Orthographe (car un lecteur de maison d'édition, ou celui qui achètera votre livre si vous décidez de le publier directement en ligne, ne vous pardonnera pas des fautes d'orthographe)

-Le style. Comme vous l'ont souvent dit, vos professeurs de lettres: Relisez-vous! Vous éviterez les lourdeurs (répétitions, phrases trop longues, problème de syntaxe.) À chaque fois que je relis un manuscrit, je trouve de nouvelles façons de formuler mon propos. Le mot "fin" sur la dernière page de votre manuscrit n'est qu'une fin fictive. C'est le début d'un profond travail de correction.

-La mise en page. Un texte aéré et soigné est toujours plus engageant. Préférez un texte imprimé sur une seule face et relié, avec une interligne à 1.5, si rien n'est indiqué. Police Times New Roman, taille 12. C'est la norme des dossiers académique.

Choisir sa maison d'édition

Elle doit vous correspondre, et plus précisément correspondre à ce que vous écrivez.

En effet rien ne sert d'envoyer aux éditions Bragelonne votre polar, car cette maison d'édition est spécialisée dans le fantastique et la science-fiction. Ne croyez pas qu'en envoyant votre manuscrit un peu partout, vous multipliez vos chances d'être vu et publier, non, vous risquez d'agacer la charmante personne chargée de la réception et l'étiquetage des manuscrits. (La secrète liste noir des maisons d'éditions existent peut-être vraiment, ne risquez pas d'être dessus.)

De plus, entre les coûts d'impression, de reliure, et les frais de port, l'envoi de d'un manuscrit peut vous revenir à 5 euros, pour un manuscrit (moi je n'avais ni payer l'impression, ni la reliure, mais l'envoi de mon pavé de 200 pages n'était pas donné).

5 euros ce n'est rien, pensez-vous? D'accord, mais votre manuscrit vous n'allez pas l'envoyer qu'à une seule maison d'édition? Multipliez donc ce chiffre...

Il est donc important de sélectionner soigneusement l'éditeur qui recevra votre "précieux" (Gollum sort de ce corps!).

Certains éditeurs acceptent les envois de manuscrits par mail, privilégiez ceux là. D'abord votre envoi sera gratuit, et avec quelques copier-collé bien modifié vous parviendrez à joindre plus rapidement un grand nombre d'éditeur.

Une fois vos envois par mails effectués, passez aux envois par courrier. Nous avons déjà vu que ces envois ne sont pas donné. Je vous conseille donc de limiter votre lise de maisons d'éditions, à moins bien sûr que vous ayez les moyens et l'envie de contacter tout le monde.

Pour faire cette liste, certains choisissent les petites maison d'éditions qui ont pour vocation d'être plus accessible. D'autres privilégient gloire, succès et renom associé aux grandes maisons.

À vous de voir quelle sera votre stratégie.

Étape 2 : Où les logiciels sont mes amis

De l'aide à l'écriture à la conception de vos couvertures, les logiciels, que dis-je la technologie est votre allié indispensable. Voyez donc un peu toutes les perspectives qui s'offrent à vous.

Pour s'aider à écrire

(Oui, oui ça existe)

-Storybook (gratuit)

Cette application vous permet de référencer vos personnages, leurs points de vues, les lieues... Pour vous aider à rédiger votre histoire.

-yWriter (gratuit)

Crée par un écrivain, aide à la structurer votre ouvrage, pour une histoire cohérente et bien construite.)

-Phraséo (payant)

Traitement de texte amélioré permet à la fois de taper son récit, mais aussi les notes (comme la description d'un personnage) et de nous permettre de retrouver le tout facilement.

Pour se corriger

-Antidote 8 (payant)

Sans doute le meilleur logiciel de correction. Utilisé en entreprise, l'investissement sera d'environ 100€, mais vous ne le regretterez pas.

-un œil humain reste la meilleure des solutions.
Soit grâce à un correcteur professionnel (Sortez la carte bancaire, grand froid à venir. En général il vous fera un devis. Prévoyez large avec 90 centimes la page.)
Soit grâce à des amis bon en grammaire, ou des bêtas lecteurs passionnés. Dans ce cas l'idéale serait d'avoir plusieurs avis.

-Au minimum, vous pouvez garder le correcteur associé à votre traitement de texte
Dans ce cas relisez-vous plusieurs fois, et utilisez Word et Open Office. Les deux correcteurs ne trouveront pas forcément les mêmes fautes.

Pour faire sa mise en page, les traitements de texte

-CeltX (traitement de texte spécialisé dans l'écriture de scripts)

-Open Office (gratuit)

-Abiword (gratuit)

-Scribus (gratuit)

-Word (payant)

-Scrivener (gratuit)

-InDesign (utilisé par les professionnels)

-Xpress (utilisé par les professionnels)

Logiciels gratuits pour créer son propre code-barres

-Code-Barre Generator (PC)

-Code Barre EAN 13 (PC)

-Code Barre (Mac)

Logiciels pour convertir ses fichiers textes

-Calibre (gratuit et à mon goût, le plus simple d'utilisation mais la conversion n'est pas toujours parfaite)

-Sigil (gratuit, moins facile d'utilisation, mais les nombreux tutoriels sur internet le rendent très accessible)

-Extension

OpenOffice :http://extensions.openoffice.org/fr/project/writer2epub (gratuite)

-Atlantis (payant après 30 jours de démo)

Convertir vos fichiers PDF en...

Je vais vous livrer la solution la plus simple que j'ai trouvé à ce jour pour convertir vos fichiers textes.

Avec OpenOffice vous avez désormais une extension qui vous permet de convertir votre fichier texte en epub.

À partir de là avec Calibre vous pouvez transformer votre epub en mobi, html...

Étape 3 : À qui envoyer mon manuscrit

Enfin, votre « masterpiece » est rédigé. Votre gâteau est sorti du four. L'oiseau est sorti de l'œuf. Pour en finir avec les métaphores douteuses: **Vous avez fini de rédiger votre manuscrit,** *et vous vous sentez prêt à l'envoyer.*

Soit mais à qui?

Ne soyez pas impatient voilà une liste triée et sélectionnée, pour faciliter vos démarches. Je n'ai inscrit ici que des maisons d'éditions à compte d'éditeur. (Nuance très importante, nous y reviendrons par la suite.)

Quelle mise en page?

En général on vous demandera d'utiliser un PDF tapé en « times New Roman » , taille 12, interligne 1.5, tapez en justifié et vous éviterez peut-être de tout remettre à la bonne page. Ceci est un conseil, vérifiez pour chaque maison d'édition les formats qu'elle exige.

Maison d'édition qui accepte les mails (donc envoi gratuit pour vous)

Ceci n'est pas une liste exhaustive, il existe beaucoup d'autres maisons d'éditions renseignez-vous, et regardez les livres qui sont dans vos bibliothèque peut permettre de vous y aider.)

<u>Fantasy</u>

-Bragelonne: (fichier PDF, Times New Roman ou Arial, interligne correct)

L'envoi se fait en ligne ici http://www.bragelonne.fr/Manuscrits

-Critic: (fichier PDF des 50 premières pages du manuscrit +

synopsis (résumé début et fin de l'histoire+ Lettre d'accompagnement)

L'envoi se fait par mail: **service-manuscrits@critic.fr**

Retrouvez les détails ici http://editions.librairie-critic.fr/vous-etes-auteur.html

– Mnémos: (fichier PDF+ page de résumé du manuscrit+ lettre d'accompagnement)

L'envoi se fait par mail: **info@mnemos.com**

Retrouvez les détails
ici http://www.mnemos.com/JOOMLA2/index.php?
option=com_content&view=article&id=51:manuscrit&catid=44:q
uestions&Itemid=58

– Mille Saisons: (fichier word/Open Office+ résumé du texte+ lettre d'accompagnement)

L'envoi se fait par mail: **contact@millesaisons.fr**

Retrouvez les détails ici http://www.millesaisons.fr/contact/

-Belcastel:

L'envoi se fait par mail: **belcastel.manuscrit@yahoo.fr**

Retrouvez les détails ici http://www.belcastel.onlc.fr/10-Ligne-editoriale-et-soumission-de-manuscrits.html

-Armada: (proposition de synopsis via leur site)

L'envoi se fait en ligne ici http://www.editions-armada.com/Informations/manuscrit.html

-Atalante: (format pdf-Times New Roman-taille 16)

Retrouvez les détails ici http://www.l-atalante.com/contacts/

Ceux qui ne trouvent pas d'intérêt à écrire de la fiction, ne vous en faites pas, je ne vous ai pas oublier, voilà la liste d'autres maisons d'éditions :

<u>Tous genres</u>

-Asphalte

-Éditions Calepin

-Éditions du Cygne

-Éditions de l'Épée

-Les Roses bleues

-Rebelles éditions

-Trinôme éditions

<u>Romance</u>

-Cyplog éditions (romance)

-Éditions Amorosa (romans sentimentaux et comédies romantiques)

-Éditions Beauvais (romance gay)

-Éditions Harlequin (traduit généralement des romans américains)

-Éditions Láska (romance)

-Éditions Sharon Kena (romance et bit/lit)

-Éditions Milady (romance et bit/lit)

-La Musardine (écrits érotiques)

<u>Maison d'édition à compte d'auteur</u>

Enfin, car c'est à vous de faire votre choix, vous pouvez aussi choisir soumettre votre manuscrit à une maison d'édition à compte d'auteur.
*Mais attention, **ce sera à vous de couvrir tous les frais** pour votre livre, et vous devrez généralement effectuer votre promotion, seul*

-Affolettes

-Amalthéee

-Éditions Beaurepaire

-Éditions des Écrivains

-Framboisière

-Presses du Midi

Étape 4 : Le choix de l'auto-édition

Pourquoi en êtes vous arrivez à cette étape 4 ? Vous auriez déjà pu en finir avec ce livre, mais vous voici. Ici. À cette étape 4, au début de la galère (Vous pouvez aussi choisir de le voir comme le début de votre indépendance, et une longue période de familiarisation avec le processus éditorial).

Alors pourquoi en arrivez là en effet ? Pourquoi faire ce choix de l'auto-édition ?

Je vois plusieurs raisons :

-Ceux qui veulent pouvoir partager leurs écrits avec leurs proches et à qui proposer leur manuscrit à une maison d'édition ne serait donc pas utile.

_Ceux qui échaudé par des refus de maisons d'éditions se sentent prêt à tenter l'aventure en solitaire. (*Et pourquoi pas ? Beaucoup d'auteurs ont été découvert avec l'auto-édition : Margaret Atwood, William Blake, Ken Blanchard, Marcel Proust, Leo Tolstoï, Walt Whitman, Amanda Hocking, virginia Woolf, Agnès Martin-Lugand et (ne m'en veuillez pas) E.L.James).*

_Ceux qui voient ça comme une chance d'être repéré par une maison d'édition. (*C'est ce qui est arrivé avec la française Agnès Martin-Lugand racheté par Albin Michel.) Dans ce cas privilégiez la vente de l'e-book. L'exemplaire papier, l'éditeur intéressé par votre texte pourrait très bien vouloir le prendre à sa charge.*

_Le fan du DIY (*monsieur autodidacte voit l'éditeur comme un simple intermédiaire et sait qu'en s'impliquant assez, il peut s'en passer.)*

-Le professionnel (*L'auteur qui a plusieurs livres derrière lui, connaît la machine éditoriale, a son public, et veut avec l'auto-édition, se passer d'une maison d'édition trop invasive, ou simplement toucher plus d'argent.)*

-Le roi de l'expérimentation *(il sait tout faire et veut tout faire, et aujourd'hui, il veut être écrivain.)*

Bref, des parcours de vies différents pourtant voilà où nous sommes tous réunis. C'est pour vous qui avez fait le choix de l'auto-édition, que le livre s'adresse vraiment. Jetons-nous donc dans le grand bain...

Sans bouée.

Mais avec votre texte au format pdf.

Étape 5 : L'utilité de l'ISBN?

Qu'est-ce qu'un ISBN ?

L'ISBN est l' International Standard Book Number (d'accord, cette définition, Wikipédia aurait pu vous la donner.

Plus concrètement l'ISBN c'est un numéro à 13 chiffres (depuis janvier 20017) qui permet d'identifier un livre dans <u>une édition donnée</u>.

Comment l'obtenir?

L'AFNIL attribue gratuitement un ISBN aux livres et productions associés

Pour obtenir un ISBN et avoir des informations supplémentaires, rendez-vous sur le site de l'AFNIL http://www.afnil.org/

ISBN dans l'auto-édition

1-Quel délai pour l'obtenir

Vous pouvez envoyer votre demande dès le début de vos procédures d'auto-édition puisqu'il faudra attendre environ 3 semaines à l'AFNIL pour vous fournir vos précieux numéros.

2-Combien d'ISBN demander

Dans le formulaire de l'AFNIL, on vous demandera combien de livre vous comptez éditer dans l'année.

Il faut savoir que chaque présentation ou reliure différente d'un même titre, demande un nouvel ISBN. Chaque format d'édition ou support d'un même ouvrage doit donc avoir un ISBN différent. Pour être plus clair, le même titre vendu au format poche, au format PDF, au format ePub ou dans une édition brochée, pourrait se voir attribuer quatre ISBN différents.

Prenez donc cela en compte quand vous remplirez votre formulaire.

En dehors de cela la procédure est plutôt simple, n'hésitez pas. Le formulaire est très court (2 pages et seulement 6 rubriques).

3-Mon ISBN ou celui de mon site

La plupart des site d'auto-édition, vous laisseront le choix entre utiliser votre ISBN perso ou le leur.

.Avec l'ISBN des sites c'est généralement plus simple, que ce soit pour intégrer son numéro sur la couverture ou s'éviter la procédure de l'AFNIL. Cependant, l'ISBN du livre ne fonctionnera que sur ce site, et vous devrez passer par lui pour référencer votre livre chez d'autres partenaires, ce qui vous fera perdre une partie de vos revenus. Lisez donc bien l'accord d'utilisation avant de vous engager.

Étape 6 : Quelle plateforme d'auto-édition choisir ?

Entre BoD, Amazon KPD, Kobo Writing Life, Google Play, et Lulu, vous ne manquez pas de choix... Et c'est bien ça le problème.

Pour faire votre choix vous aurez besoin de connaître plusieurs informations *(et je vais vous les livrer)*.

La vente e-books concrètement, quelle est la meilleure plateforme ?

Vous l'auriez sans doute trouvé seul, mais le meilleur en vente e-books, c'est Amazon. Bien que la firme communique peu ses chiffres, on estime aux États-Unis, que deux e-books sur trois sont vendus par le géant. De quoi donner envie de se tourner immédiatement vers leurs programmes Amazon KPD et CreateSpace (pour les livres à imprimer à la demande).

Attention cependant à ne pas aller trop vite en besogne : ils sont leader sur le marché, mais ils ne sont pas unique. Mettre votre texte uniquement sur Amazon ce serait se couper de 20% de vente sur kobo, 10% sur l'applestore et 20% sur les autres boutiques numériques.

En effet en France on dit généralement que :
-50% des e-books sont vendus sur Amazon
-20% des e-books sont vendus sur Kobo
-10% des e-books sont vendus sur l'applestore
-20% des e-books sont vendus sur d'autres boutiques numériques

De plus le succès de votre livre peut aussi être influencé par son genre. En effet, un livre qui parle d'un produit Apple, pourrait rencontrer plus de public sur l'applestore.

Aussi la meilleure plateforme pour publier votre livre risque d'être, toutes ! Vous voilà bien avancé ! Choisir une, vous fera de toute manière abandonner les spécificités de l'autre.

Plus de choix (e-books)

-Lulu

Inscription et services gratuits.

Distribue gratuitement sur Amazon et Lulu

Redevances à 70% si vos acheteurs passe par la boutique lulu ;

lulu prélève 10% du prix de vente après que le distributeur ait retranché son propre pourcentage (: Amazon prend 30%, Lulu 10%, il vous restera 60% du prix du livre pour un achat hors boutique lulu.)

Peut fournir ISBN

-Smashwords

Inscription gratuite.

Redevances de 60% du prix du livre versées à l'auteur

Partenaire de la fnac, Barnes&Nobles, kobo... (presque tout le monde sauf amazon en fait).

Site en anglais

Peut fournir ISBN

-Ibooks Author

Outil d'édition permettant à l'aide d'un ordinateur Apple de publier un livre sur l'applestore.

Inscription et services gratuits

Publie uniquement sur Amazon

Redevances de 70% du prix du livre versées à l'auteur

Ne fournit pas d'ISBN

-Kindle Amazon

Inscription et services gratuits

Publie uniquement sur Amazon

Redevances de 70% du prix du livre versées à l'auteur

Peut fournir ISBN

-Kobo Writing life

Inscription et services gratuits

Publie uniquement sur la Fnac

Redevances de 70% du prix du livre versées à l'auteur

Peut fournir ISBN

-Atramenta

Inscription gratuite

Publication après devis et paiement des services

Compter 59€ de frais de base pour un manuscrit relu et corrigé

Publication sur toutes les grandes boutiques numériques

50% de redevances avec un compte standard en cas de vente sur le site, compter 30% de commission pour le revendeur

Peut fournir ISBN

Plus de choix (format papier)

-CreateSpace (Amazon)

Même condition que Kindle

Possibilité de joindre format e-books et format broché de votre livre pour une présentation plus professionnelle.

Avec l'engagement de non publication sur les autres plateformes, vous pouvez bénéficier d'offres éclairs, augmantant le visibilité de votre livre

Site en anglais

-Lulu

Interface simple d'utilisation

Connue dans le monde de l'auto-édition

Nombreuses réductions, et offres flashs disponibles

-The Book edition

Attention au prix de fabrication du livre qui est très élevé

-Bookelis

Attention au prix de fabrication du livre qui est très élevé

Partenariat avec Hachette

-Book On Demand

Possibilité (payante) d'assister au salon du livre

Propose différentes formules (gratuite et payantes)

-Blurb

Service d'impression de livres, surtout de livres photos et livres et couleurs.

Utilise des logiciels offert sur le site pour un rendu professionnel

-jepublie.com

Prix après envoi devis

Partenaire avec la majorité des vendeurs numériques (notamment Gilbert jeune, Amazon, La Fnac et Apple)

Référencement sur la librairie numérique Numilog

Étape 7 : Le référencement

Publier sur une plateforme, ne veut pas dire renoncer à être diffusé sur toutes les autres, en effet grâce au référencement votre livre pourra apparaître sur la plupart des grosses librairies numériques.

Les libraires passent généralement par *Electre*, cependant la firme reste assez hostile à l'auto publication. Le référencement s'y fait gratuitement vous pouvez donc tenter de leur envoyer votre manuscrit.

Dilicom est sinon la valeur sûre en matière de référencement. Il y a plusieurs forfait, ceux-ci seront cependant payant.

Pour se référencer sur la Fnac, il faudra utiliser *Cyberscribe* ou les appeler pour leur proposer d'enregistrer directement le livre dans leur base de donnée.

Étape 8 : La couverture

On ne vous le répétera jamais assez par le biais de cette métaphore si peu créative « la couverture est la vitrine de votre livre ». Métaphore peu originale ? Certes, mais elle reste vrai. La couverture est le premier aperçu que votre lecteur aura de votre livre, celui qui l'attirera ou le fera fuir à jamais, alors qu'il n'aura même pas encore lu le résumé au dos.

Vos choix :

➤ Embaucher un graphiste

-Entreprise plutôt coûteuse, vous devrez peut-être investir près de 500€ sur votre couverture selon ce que vous demander.

-Vous pouvez passer par Fiverr, c'est un site web de vente de compétences à des prix défiant toute concurrence. Des freelancers aux multiples compétences peuvent vous proposer des couvertures très professionnelles entre 5 et 150 USD.

Vous aurez besoin de faire un effort en anglais pour bien

communiquer vos exigences mais Google traduction vous aidera sans mal.

> Réaliser vous même votre couverture

-Soit vous avez déjà des compétences de graphismes, et vous êtes bien chanceux.

-Soit vous n'en avez pas et vous vous lancez dans une entreprise dangereuse. Voici quelques pistes.

<u>Réaliser sa propre couverture</u>

> Sans image

D'une façon générale, il vaut mieux illustrer votre couverture, mais on peut s'en passer. En effet c'est ce que Gallimard et Albin Michel font souvent.

Vous n'aurez donc qu'à mettre votre titre et votre nom, soit grâce aux logiciels de votre site de publication, soit grâce à Word ou Scribus (Vous trouverez de nombreux tutoriels.)

> **Ou trouver des images en libre droit**

Voilà quelques sites où vous pourrez trouver des photos gratuites et libres de droits :

-Bajstock

La mention « photo Bajstock.com » doit être intégrée sur le document ou figure la photo choisie.

Vous pouvez modifier les photos présentes sur le site comme vous le souhaitez.

-Flickr

Il existe un moteur de recherche de photos libres de droits. Certaines peuvent être utilisés pour un projet commerciale.

-Imagebase

La seule règle ici sera de ne pas combiner les photos avec des contenus illicites, et la vente directe des images du site est interdite.

-Kozzi

Vous trouverez des photos, des illustrations et des vidéos.

De rares images ne sont pas autorisées dans un cadre commercial, bien qu'elles soient minoritaires, vérifiez donc bien les droits des images.

-Public Domain Pictures

Le site contient de nombreuses photos pour un usage commercial.

-Stock Photos for free

Vous trouverez de très belles photos d'excellentes qualités.

-Stock.xchng

Grande librairie d'images gratuites. Il faudra parfois demander l'autorisation des auteurs pour les utiliser. Vous en serez généralement quitte pour une mention de leur nom.

> **Les principaux logiciels gratuits pour créer votre couverture**

-Si vous débutez le logiciel payant *Photoshop*,ne sera pas le meilleur logiciel pour vous initier.

-Adobe Illustrator

Logiciel de création graphique gratuit pendant 30 jours.

-The gimp

C'est le logiciel gratuit le plus proche de *photoshop*. Vous trouverez de nombreux tutoriels pour vous aider à maîtriser la technique de la colorisation et des calques.

Il reste difficile à utiliser pour un débutant.

-Photofiltre

Plus simple que *The Gimp*, mais moins fonctionnel, il est un outil idéal pour les débutants. Quand vous aurez progressé, vous pourrez songer à utiliser la version payante, ou simplement passer à *The Gimp*.

-Pixlr Editor

Application en ligne qui nécessitera donc une connexion internet.

Il est aussi assez intuitif et pourra contenter les besoins d'un débutant.

Transformer sa couverture en PDF

Indesign, *Photoshop*, et *Adobe Illustrator* vous permettront d'exporter au format PDF la couverture ainsi crée.

La signification des couleurs

Les couleurs ont de multiples significations, les connaître peuvent vous aider à réaliser votre couverture.

-**rouge** : force, passion, puissance, danger et virilité

-**violet** : jalousie, distance, mystère et noblesse

-**bleu** : foi,sécurité, vertu, paix, sagesse, rêve et royauté

-**vert** : espoir, nature, pérennité, jeunesse et calme

-**jaune** : science, idéalisme, jalousie et lumière

-**orange** : énergie, joie et chaleur

-**blanc** : pureté, innocence, chasteté, richesse, silence

-**gris** : sobriété et tristesse

-**noir** : dépression, peur, angoisse, tristesse, mort, nuit et élégance

Étape 9 : Crowdfunding ou comment trouver son financement

Pourquoi le crowdfunding pour lancer son livre?

-D'abord parce que même si votre projet n'atteint pas la somme attendu, vous allez attirer l'attention d'une communauté sur votre projet, communauté qui sera peut-être assez curieuse pour acheter un de vos livres pour la suite...

-En tant qu'auto-édité, vous assurerez les frais de votre projet, et ils seront parfois lourd (graphiste pour la couverture, correcteur, pré-commandes, publicités...)

-Pour monter à bien votre projet vous allez devoir vous vendre (*exercice difficile, même pour les narcissiques, car c'est risquer de vous livrer à la critique*) et aussi vendre votre projet. Aussi difficile, et insurmontable que cela puisse paraître... Rassurez-vous, c'est aussi une formidable expérience pour la suite. Eh oui, cet exercice si difficile c'est la promotion! Pire, vous serez sans doute amené à le refaire (selon votre ambition: si vous souhaitez seulement voir votre livre sur papier sans aucun lecteur pour le lire, ne faites rien, vous y réussirez très bien.)

Quelle plateforme?

Il y a en France trois plateformes majeures:

-Kiss Kiss Bank Bank *(L'une des références dans le domaine du financement participatif Commission à 8% si collecte effectuée)*

-Ulule *(marche mieux avec les projets artistiques, donc les livres, mais les sommes totalisés sont généralement moins importantes que sur les deux autres plateformes. Commission à 8% si collecte effectuée)*

-Kickstarter *(la grosse plateforme américaine... Leader du crowdfunding dans le monde... You know what I mean. Prend 5% des montants collectés.)*

Étape 10 : Ce qu'on vous apprendrait en école de Marketing

En mix-marketing on vous aurait parler des essentiels 5P auquel vous devez songer pour promouvoir votre produit :

-Produit (fonctionnalités,packaging...)

-Prix (le prix de vente, unitaire, bundle...)

-Promotion (catalogues, concours, blogs, presses, vidéos...)

-Place/circuit de distribution (internet, revendeur...)

-Distributeurs, personnes.

Concrètement ?

Je vais vous montrer comment appliquer ces 5P à votre objectif :

la vente d'ebooks, ou de livre broché.

➤ Le produit

-livre broché

-e-books

➤ Le prix

Il doit être juste. Calculer votre marge entre taxes et coûts de fabrication.

-Vous pouvez faire des promotions sur le prix.

-Bundle avec un produit de la marque (marque-page, autre livre) avec augmentation de prix.

-Échantillon du produit.

➤ Promotion

Pour promouvoir le produit, vous pouvez :

-organiser des concours (le gagnant gagnerait bien sûr quelque chose en rapport avec votre livre, ou votre livre lui-même.)

-Publicités magazines spécialisés (contacter blogueurs, journalistes)

-Publicité payante sur les réseaux sociaux.

-Écriture d'articles et promotions via les blogs.

-Réalisation d'un mini-site dédié

-Trailer vidéo

-Bouche à oreille

> La place

-Publication du texte

Exemple : via Amazon (livres numériques avec KDP, livres papiers avec CreateSpace)

-Le référencement

Exemple:

Via Electre (utilisé par tous les libraires mais reste très réticent avec l'auto-publication).

Via Dilicom (propose des forfaits payants)

-Participer à des salons.

-Boutiques de vente en ligne.

-Développer un réseau d'affiliation par internet.

-Liens publicitaires sur internet Google (mots clés)

> Les personnes

-Les lecteurs (via concours, commentaires...)

-Amis...

Étape 11 : Le statut de l'auto-édité

Vous êtes votre propre éditeur, vous publiez ce que vous voulez, quand vous voulez... Très bien mais la liberté impose toujours plus de devoirs *(bon sujet de philosophie, non?)*

Notamment celui de déclarer vos revenus.

Eh oui, votre première vente, ce doux moment de félicité fera immédiatement revenir notre amie « Galère ».

Dans les faits, vous devez en effet être en règle et signaler toutes vos activités. On vous dira qu'il n'est pas utile d'indiquer les sommes perçues si elles sont inférieur à 1000€... C'est vrai, ce n'est pas faux...

C'est risquer bêtement de se faire ennuyer surtout ! On est toujours plus serein en ayant la loi de son côté *(quel patriote!)* Déclarez donc vos revenus.

En effet la jurisprudence admet qu'un auteur auto-publié (qui déclare ses revenus) peut maintenir cette activité en dehors de tout cadre juridique, mais, comme souvent dans la loi, cette notion reste vague. *(Pas si patriote que ça en fin de compte?)* Si vous vendez 10 livres par an, vous n'avez pas besoin d'avoir de statut professionnel défini. Mais quand vous commencez à pouvoir vivre de vos revenus d'auteur, c'est autre chose.

Un solution si vous avez l'intention de développer votre activité d'auteur auto-publié et de la pratiquer de façon régulière (même en vendant peu de livres)serait d'obtenir ce statut professionnel.

Par contre, si vous comptez n'écrire qu'un seul livre *(petit clin d'œil au roi de l'expérimentation vu dans l'étape 4)* ou que vos livres resteront dans un cercle d'intime, ne vous inquiétez pas, nul mal ne vous sera fait !

Alors, quels statuts peuvent répondre aux besoins d'un auteur indépendant ?

•Le plus couramment évoqué est celui de l'auto-entrepreneur, simple et rapide à mettre en place (qui fait partie de la catégorie des « entreprises individuelles »).

•D'autres formes de structures unipersonnelles, comme l'EURL ou la micro-entreprise peuvent également vous convenir.

•Si vous préférez les structures collectives, une SARL ou une association peuvent aussi répondre à vos besoins.

Pour se déclarer comme auto-entrepreneur vous n'aurez qu'à vous rendre sur la page internet du même nom.

En cas de doute, de méconnaissance, de tout je vous conseillerai cependant de consulter la documentation officielle de l'APCE qui vous présentera mieux que moi tous les détails. De demander son avis à un avocat conseil, ou encore, d'appeler l'Urssaf.

Étape 12 : Avant la vente

➢ Vérifier l'orthographe.

➢ Vérifier la mise en page (numérotation et marge).

➢ S'inscrire sur les principaux réseaux sociaux.

➢ S'inscrire sur des forums du domaine de votre livre et n'hésitez pas à participer.

➢ Création d'un blog d'auteur (WordPress).

➢ Créer une liste avec le blog (utiliser un RSS, comme Feedburner ou un auto-répondeur comme Aweber) pour savoir qui le visite.

➢ Postez des commentaires sur d'autres blogs (des plugs-in comme Luv ajoute à votre commentaire le lien vers le dernier article de votre blog).

- ➤ Créer des trailers vidéos (avec des logiciels gratuit comme Windows Movie Maker et mettez les en ligne avant que le livre soit disponible sur le marché.)

- ➤ Choisir le jour du lancement officiel et en parler à l'avance sur les réseaux sociaux

Étape 13 : Optimiser son profil sur les réseaux sociaux

Un lecteur ne pourra pas vous lire s'il ne vous voit pas, s'il ne tombe pas sur votre car il est introuvable. Voici quelques conseils pour vous mettre en avant.

<u>Google+</u>

Google+ est le premier moteur de recherche et Google aime ses propres pages (petit narcissique tiens!). En l'utilisant il y a de très fortes chances pour que votre page Google+ soit en bonne position.

Ainsi Google+ vous servira de passerelle pour atteindre Google.

<u>Facebook</u>

Je ne le présente pas, cependant sachez pour vos futures

publications qu'il y aurait plus d'audience entre 13 heure et 16 heure

Tweeter

Je ne le présente pas, cependant sachez pour vos futures publications qu'il y aurait plus d'audience :

-en semaine de 9h à 10h, de 12h à 13h ou de 16h à 17h

Instagram

Si vous voulez poster vos aventures en photos c'est ici qu'il va falloir aller.

Il y aurait plus d'audience le lundi avant 9h et sinon après 18h.

LinkedIn

« The place to be », le réseau professionnel mondial. Utile pour optimiser votre profil, il sera plus facile de vous retrouver pour un lecteur, un éditeur ou qui que vous vouliez.

Blog

Impératif de monter un blog consacré à votre livre. Pour les débutants, privilégiez Blogger ou Worpress qui sont très intuitif.

<u>Pinterest</u>

Le lieu pour parler aux passionnés de vos passions communes.

Ils aimes les livres fantastiques ? Vous écrivez des livres fantastiques? *(Vous voyez le lien?)*

Profitez en pour parler de vous en tant qu'auteur avec votre univers, et trouvez/rencontrez votre public.

<u>Lecture en ligne</u>

Monbesteller.com, Atramenta, sont des sites où vous pouvez distribuer gratuitement des textes. N'hésitez pas à diffuser des morceaux de textes pour vous faire connaître.

N'oubliez pas de relier tous vos réseaux sociaux. Que chacun puisse vous conduire aux autres.

Étape 14 : À partir du lancement

- Ajoutez le lien vers votre livre dans la signature de vos e mails

- Votre couverture de livre vous servira de nouvelle photo de profil sur les réseaux sociaux

- Prendre des bonnes photos de vous ou de vos amis et de votre livre et disséminez les sur le net

- Si vous n'avez pas de base fan installée, lancer votre livre à 0,99€, puis augmenter le prix une fois que le livre est parvenu à une place intéressante du classement

- Répondez à toutes les questions sur le blog, et les forums, afin de vous assurer de faire vivre les discussions

- Vous pouvez acheter et lire des e-books proche du votre et laisser **un subtil** commentaire sur le votre.

- Sollicitez des commentaires sur votre livre, auprès d'amis et de contacts.

Les commentaires des amis doivent être pertinent, l'excès de flatterie risquerait de vous desservir.

Des questions ?

Vous pouvez me les adresser ici :

-Mon site audescendantdesoracles.wordpress.com

-Ou simplement déposer un commentaire sur le site marchand